Mon imagier
pour grandir avec les mots

Evelyne Bodilis
Marie-Françoise Mornet

Illustrations
Benoît Perroud

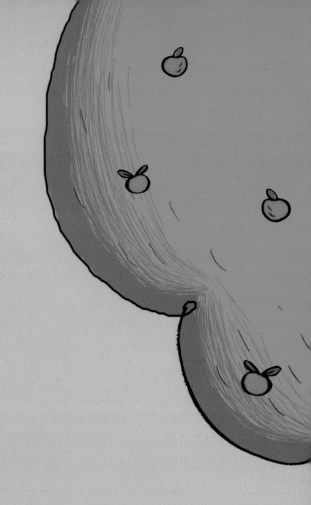

Tout un monde d'images et de mots s'ouvre devant toi...

© Bordas/SEJER, mars 2004. ISBN 2-04-730476-8.

À chaque page, des petits personnages vont s'animer sous tes yeux pour te montrer des scènes de la vie quotidienne, des objets qui te sont peut-être déjà familiers, des endroits que tu ne connais pas, des paysages nouveaux pour toi... bref, ils vont te faire découvrir le monde qui t'entoure.

Dans ton imagier, c'est à toi de jouer aux devinettes avec les mots, de les répéter, de te demander ce qu'ils veulent dire.

Ce voyage au pays des images et des mots, tu peux le faire accompagné d'un adulte qui t'aidera à mettre un mot sous une image et à comprendre les situations dans lesquelles se trouvent ces drôles de petits héros.

Pioche sans hésiter dans ton imagier comme dans un coffre à jouets, mime un mot qui te plaît, amuse-toi à le mettre en scène... sans même t'en apercevoir, tu deviendras un magicien des mots.

La nouvelle maison

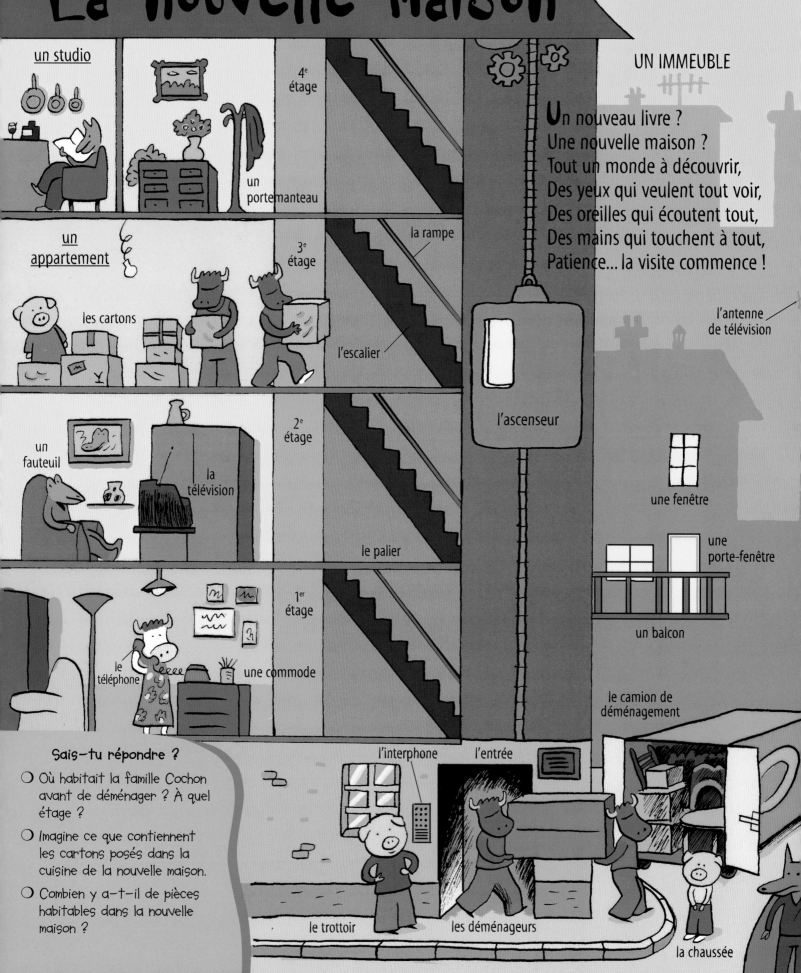

un studio

4ᵉ étage

un portemanteau

UN IMMEUBLE

Un nouveau livre ?
Une nouvelle maison ?
Tout un monde à découvrir,
Des yeux qui veulent tout voir,
Des oreilles qui écoutent tout,
Des mains qui touchent à tout,
Patience... la visite commence !

un appartement

3ᵉ étage

les cartons

la rampe

l'escalier

l'antenne de télévision

un fauteuil

2ᵉ étage

la télévision

l'ascenseur

une fenêtre

le palier

une porte-fenêtre

1ᵉʳ étage

le téléphone

une commode

un balcon

le camion de déménagement

Sais-tu répondre ?

○ Où habitait la famille Cochon avant de déménager ? À quel étage ?

○ Imagine ce que contiennent les cartons posés dans la cuisine de la nouvelle maison.

○ Combien y a-t-il de pièces habitables dans la nouvelle maison ?

l'interphone

l'entrée

le trottoir

les déménageurs

la chaussée

Du parapluie au parasol

un nuage gris

le manche

un parapluie fermé

Temps gris ou variable

la brise

vent modéré

Temp

le brouillard

Temps brumeux

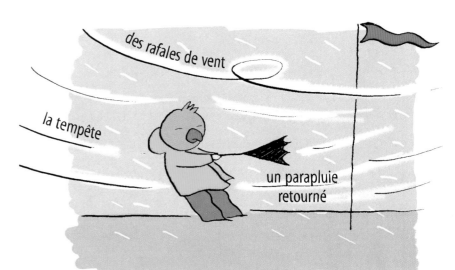

des rafales de vent

la tempête

un parapluie retourné

vent rapide

Sais-tu répondre ?

○ Qu'est-ce qui, en fondant, devient une flaque d'eau ?

○ Le baromètre indique qu'il fait beau. Que veulent dire les autres signes ?

○ Nomme les couleurs de l'arc-en-ciel.

les grêlons

la grêle

les flocons de neige

la neige

Quel temps fait-il ?
Pour le savoir, regarde le bulletin météo à la télévision…
Alors, maillot ou manteau ?

la bise

venteux   vent froid

un nuage noir

une averse

les gouttes
de pluie

un parapluie
ouvert

Temps pluvieux

la bourrasque

un parapluie
envolé

vent très violent

des éclairs

des coups
de tonnerre

un orage

un
abri

un parapluie cassé

Temps orageux

un parasol

un arc-en-ciel

le ciel bleu

le baromètre

pluie   soleil

orage   nuage
neige

de la neige
fondue

une éclaircie

des flaques
d'eau

Temps
ensoleillé

Les transports

un ULM
(ultraléger motorisé)

un avion-cargo

un cargo

un remorqueur

une vedette

une motocyclette
et un side-car

un semi-remorque

une
ambulance

un camion
à benne

un autobus

Sur terre, sur mer ou dans les airs
Dans un sens ou dans un autre,
Tous ces moyens de transport forment
Un formidable chassé-croisé !

Je serai arrivé avant toi !

Oui, mais moi je profite du paysage...

Sais-tu répondre ?

○ Nomme les véhicules, avions
et bateaux qui circulent
dans la même direction
que la dépanneuse.

○ Si les véhicules roulent, comment
se déplacent les autres moyens
de transport ?

un avion de ligne

un hélicoptère

une barque

une péniche

un camion de pompiers

un taxi

un VTT
(vélo tout-terrain)

un scooter

une bicyclette

une dépanneuse

un train de voyageurs à deux niveaux

un train de
marchandises

une rame de métro

9

Le grand nettoyage

Sale comme un petit cochon ?
De bas en haut, de haut en bas
Je me frotte sous la douche.

Tout tachés de partout ?
De bas en haut, de haut en bas
mes habits sont nettoyés.

LA TOILETTE

un petit cochon
crasseux

les robinets

le porte-savon

le lavabo

se laver les mains

la brosse
à dents

se brosser les dents

Je vais laver mon linge au lavoir, tu viens ?

Non, moi je vais le porter à la laverie !

Sais-tu répondre ?

○ Imagine ce qu'a pu faire
le cochon pour être aussi sale.

○ Combien y a-t-il de paires
de chaussettes sur le séchoir ?

○ Que dois-tu utiliser pour faire
ta toilette correctement ?

○ Sur les robinets, comment
peux-tu distinguer l'eau froide
de l'eau chaude ?

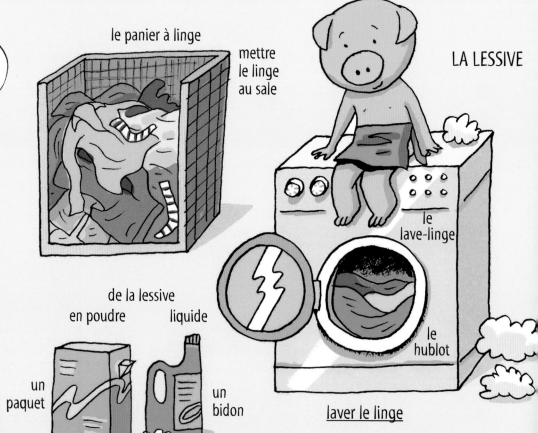

le panier à linge

mettre
le linge
au sale

LA LESSIVE

de la lessive
en poudre   liquide

un
paquet

un
bidon

le
lave-linge

le
hublot

laver le linge

la pomme de douche

du savon liquide

du shampoing

le gant de toilette

le bac à douche

se doucher

LE CORPS

la tête

le front

une oreille

un œil

le visage

le nez

le menton

la joue

le cou

la bouche

un bras

une épaule

le coude

le dos

le poignet

la taille

une main

le ventre

un doigt

les fesses

une cuisse

un genou

une jambe

la cheville

un orteil

un pied

du linge mouillé

faire sécher le linge

le sèche-linge

une pile de linge

du linge plié et rangé

des pinces à linge

le fer

la table à repasser

un séchoir

étendre le linge

De bas en haut, de haut en bas
Je suis propre comme un sou neuf !

11

Sais-tu compter ?

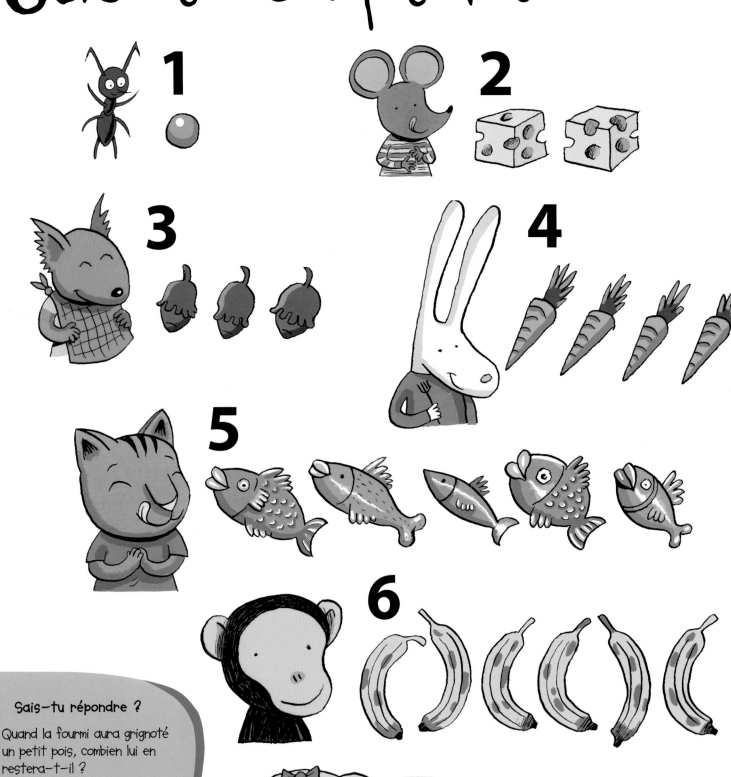

1

2

3

4

5

6

7

Sais-tu répondre ?

○ Quand la fourmi aura grignoté un petit pois, combien lui en restera-t-il ?

○ Quand le lapin aura rongé deux carottes, combien lui en restera-t-il ?

○ Aujourd'hui, l'éléphant est au régime, il ne doit rien avaler. Combien de sandwichs lui restera-t-il à la fin de la journée ?

8

9

1, 2, 3 sur la table en bois,
4, 5, 6 tu manges une saucisse,
7, 8, 9 je préfère un œuf !
Et eux, que vont-ils dévorer pour le déjeuner ?

10

| 11 | 12 | 13 | 14 | 15 | 16 | 17 | 18 | 19 | 20 |

La forêt

la cime

les cônes

un sapin

un châtaignier

un écureuil

un nid

un rouge-gorge

des bogues

un noisetier

des noisettes

un pic noir

une renarde

un renardeau

un sanglier

des fougères

de la mousse

un escargot

une souche

une limace

une coccinelle

des champignons vénéneux

des champignons comestibles

Sais-tu répondre ?

◯ Cherche et nomme les trois membres d'une même famille d'animaux.

◯ Pour connaître l'âge de l'arbre coupé, compte le nombre de cercles formés sur la souche.

Des feuilles qui bruissent dans le vent,
Des oiseaux qui se répondent,
Des brindilles qui craquent,
Des champignons qui se cachent…
Des arbres qui respirent,
Un écureuil qui grimpe le long d'un tronc d'arbre,
Les mille et un petits bruits de la forêt…

À toi maintenant d'explorer cet univers.

des glands

un coucou

le feuillage

un peuplier

les branches

un chêne

des bouleaux

les bois du cerf

un cerf

une chouette

une biche

un faon

le tronc

une fourmilière

un papillon

l'écorce

des fourmis

les racines

un lièvre

un hérisson

une vipère

des feuilles

15

Les habits

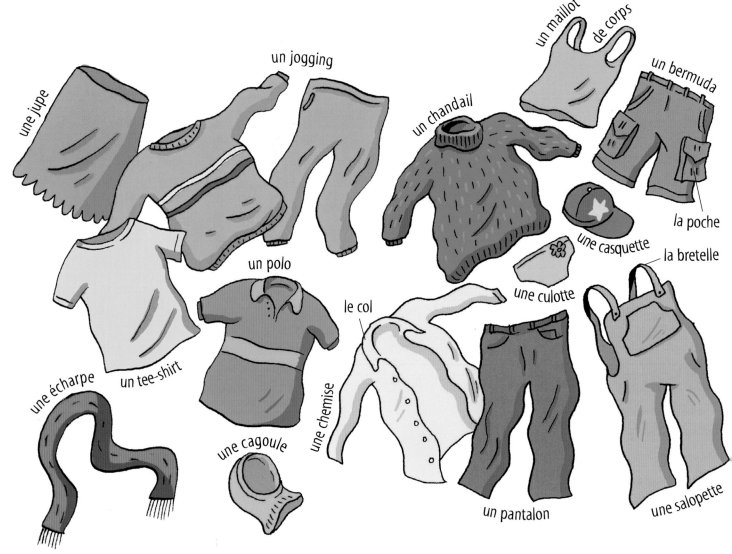

une jupe

un jogging

un maillot de corps

un bermuda

un chandail

la poche

un polo

une casquette

la bretelle

le col

une culotte

un tee-shirt

une écharpe

une chemise

une cagoule

un pantalon

une salopette

Sais-tu répondre ?

○ Parmi tous ces vêtements, retrouve ceux qui sont portés par les personnages. Il y en a 5.

○ Où sont-ils donc ? Cherche sur les personnages une paire de lacets, un bouton rouge et un ruban multicolore.

AU PRINTEMPS

un gilet

une salopette

un sweat-shirt

un short

des baskets

des socquettes

des sandalettes

un bob

EN ÉTÉ

un débardeur

un chapeau de soleil

des lunettes de soleil

un bermuda

un maillot de bain

des sandales

des tongs

une robe

une salopette courte

des bottines

une jupe-culotte

une veste polaire

En coton ou en laine, en cuir ou en caoutchouc,
court ou long, étroit ou large,
l'habit te donne un style !
Mais… l'anorak en été n'est guère recommandé !

un ciré

un slip

un short

un manteau

la manche

le bouton

un chemisier

une paire de chaussons

une paire de chaussettes

une paire de bottes fourrées

un ruban

EN AUTOMNE

un imperméable

un bonnet

EN HIVER

une cagoule

une combinaison

un blouson

une écharpe

un chapeau haut-de-forme

la ceinture

un anorak

un jean

des moufles

des gants

un balai

un collant

des chaussures à lacets

des bottes

des bottes fourrées

des après-ski

17

Les friandises

Attention, petits gourmands !
Après toutes ces sucreries,
Il faut se brosser les dents !

une barbe
à papa

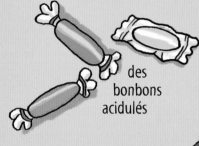

des
bonbons
acidulés

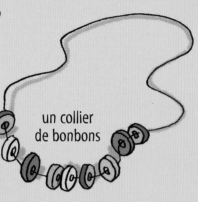

un collier
de bonbons

une boîte
de dragées

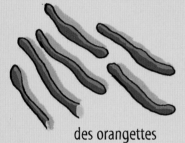

des orangettes

des crottes
en chocolat

des chardons

un bonbon
au miel

une tablette
de chocolat

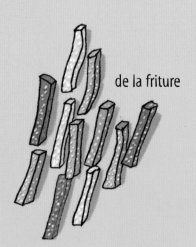

de la friture

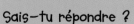

des bonbons à la violette

un rocher

un sucre
d'orge

un rouleau
de réglisse

un bâton
de réglisse

un Carambar

une boîte
de caramels

des pâtes
de fruits

des boules
de coco

des marrons
glacés

des calissons

des pièces
en chocolat

un œuf
en chocolat

du nougat

un ballotin de truffes

des berlingots

un roudoudou

des bonbons gélifiés

des pralines

des
sucettes

de la guimauve

19

La famille

TROIS GÉNÉRATIONS

les grands-parents

la grand-mère   le grand-père   la grand-mère   le grand-père

maternels   paternels

les parents

la mère   le père

Dans la famille Polochon, je voudrais « le père ».

Hi, hi ! pioche !

les enfants

la fille   les fils

la sœur → Loulou ← le frère

Sais-tu répondre ?

- Combien Loulou a-t-il de frères et sœurs ?
- Sur la photo de famille, quelle est la personne la plus âgée ? À quoi la reconnais-tu ?
- Retrouve sur la photo la personne qui porte une écharpe. De qui s'agit-il ?

LA PHOTO DE FAMILLE

Une naissance, un anniversaire, une fête,
Autant d'occasions pour se réunir.
Alors plus personne ne bouge…
Pour la photo de famille !

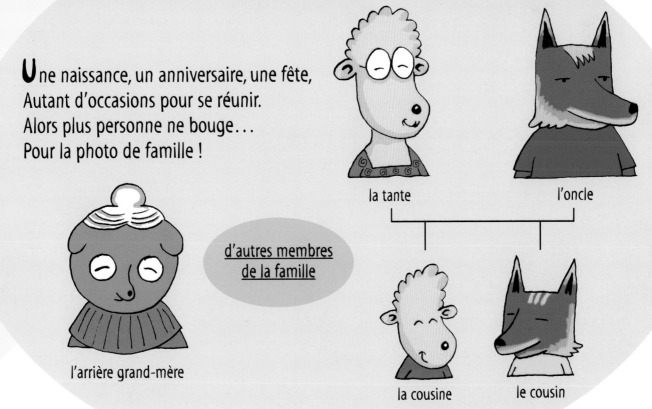

la tante

l'oncle

d'autres membres
de la famille

l'arrière grand-mère

la cousine

le cousin

Les sports

un combat

le kimono

une prise de judo

la ceinture

un judoka

le tatami

JUDO

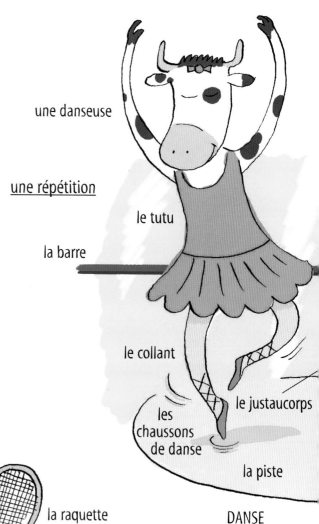

une danseuse

une répétition

le tutu

la barre

le collant

les chaussons de danse

le justaucorps

la piste

DANSE CLASSIQUE

un joueur de tennis

la balle

un tournoi

la raquette

le filet

la terre battue

le court de tennis

Mais pourquoi mets-tu ton jogging ?

Mais pour faire mon jogging, pardi !

TENNIS

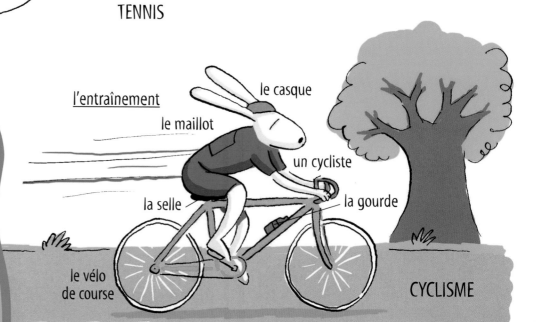

l'entraînement

le casque

le maillot

un cycliste

la selle

la gourde

le vélo de course

CYCLISME

Sais-tu répondre ?

○ Lis les résultats du match de basket : quelle est l'équipe gagnante, la rouge ou la bleue ?

○ Sur le terrain de foot, le joueur numéro 3 vient d'avoir un carton rouge qui signifie qu'il doit quitter le terrain.
Qui le lui donne ? Pourquoi ?

un miroir

un danseur

les ballerines

DANSE
MODERNE

DANSE

le cheval

un cavalier

la bombe

la cravache

la selle

un saut d'obstacle

un étrier

une botte

les barres

le sable

ÉQUITATION

Les sportifs sont à l'heure…
Un tutu au nageur !
Un kimono au danseur !!
Une raquette au basketteur !!!
Mais… il y a erreur !

les buts

le gardien
de but

l'arbitre

un carton rouge

un footballeur

les chaussures
à crampons

le ballon
de foot

le gazon

FOOTBALL

le ballon

un basketteur

un match

le filet

le panneau
de basket

le tableau
de marque

les résultats

10   6

les supporteurs

BASKET-BALL

une compétition

le bonnet de bain

les lunettes

un nageur

NATATION

le plongeoir

les flotteurs

un couloir

23

un toboggan

un élève

l'atelier peinture

des pinceaux
des couleurs

une paire
de ciseaux

LA CLASSE

les portemanteaux

la gardienne

LA COUR
DE RÉCRÉATION

le couloir

LA CANTINE

L'école
maternelle

la cantinière

le menu

une serviette
de table

un broc
d'eau

Sais-tu répondre ?

○ La gardienne doit apporter
un paquet à la directrice
de l'école. Indique le chemin
qu'elle doit suivre pour
arriver jusqu'à elle,
en nommant les endroits
près desquels elle passera.

le coin lecture

la bibliothèque

le coin épicerie

le coin cuisine

un album

la maîtresse

LE DORTOIR

Des prénoms à l'appel,
Des jeux à la pelle,
Mais qui s'appelle
en jouant à la marelle ?
Des fillettes nouvelles
de l'école maternelle.

la couverture

le lit pliant

les vêtements oubliés

LES TOILETTES

WC

un plat chaud

la chasse d'eau

le savon

le papier

le chariot

le lavabo

un agent de service

la cuvette

un surveillant

LE BUREAU DE LA DIRECTRICE

Du plus petit au plus grand

Une puce sur un éléphant, pourquoi pas ?
Mais un éléphant sur une puce…
Ça, c'est une autre histoire !

un grand animal : le lion

DES ANIMAUX

un animal
microscopique :
le pou

un petit
animal :
le poussin

un animal de taille
moyenne : le chien

DES VÉGÉTAUX

une graine
minuscule

un arbre miniature :
le bonzaï

un arbre large :
le cerisier

un arbre immense :
le peuplier

Je fais peur
à bien plus gros
que moi...
la preuve !

Sais-tu répondre ?

○ Quel est l'animal qui se trouve
entre le pou et le chien ?

○ Comment s'appelle l'arbre
situé juste avant le baobab ?

○ Nomme le quatrième fruit
à partir de la groseille.

DES FRUITS

un fruit
riquiqui :
la groseille

un fruit
de petite taille :
la banane naine

un fruit ventru :
le melon

une très grosse noix :
la noix de coco

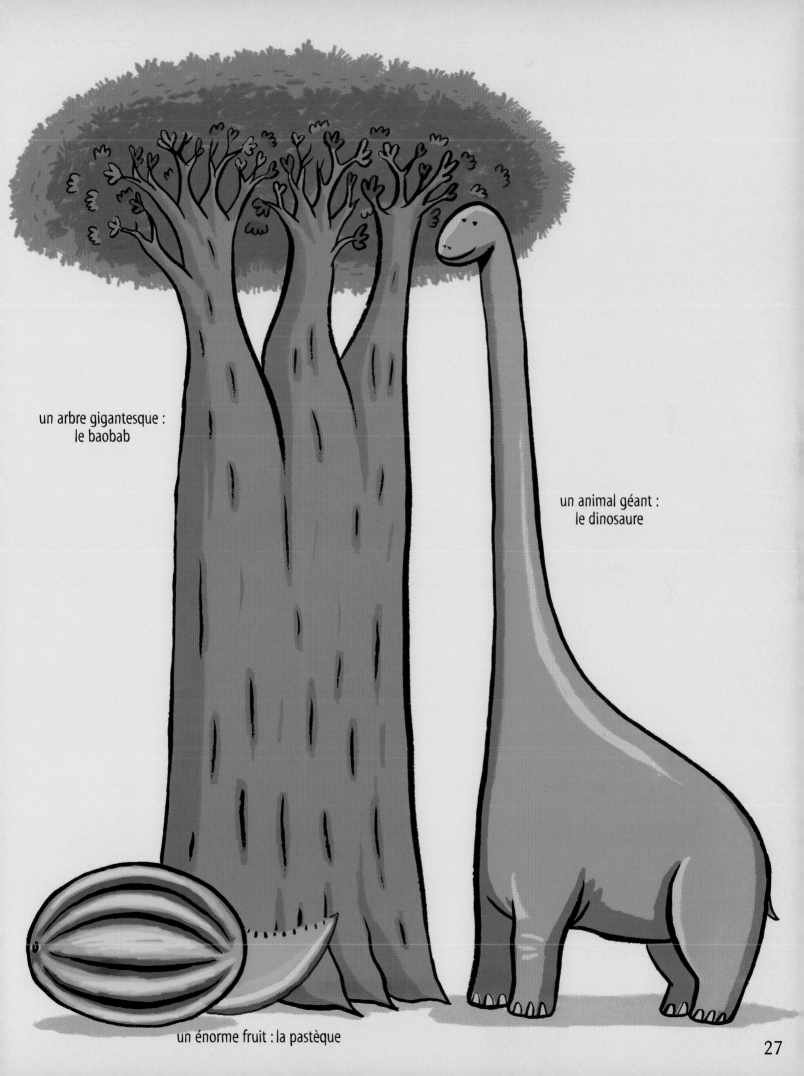

un arbre gigantesque :
le baobab

un animal géant :
le dinosaure

un énorme fruit : la pastèque

Drôles de bouilles

Étonnants ces oursons !
Les mêmes yeux,
Le même nez,
Les mêmes oreilles,
La même bouche…
Mais pas la même tête !

la joie

la tristesse

la gentillesse

la bouderie

Tu ne trouves pas que je suis le plus beau ?

Non, je pense que c'est moi !

Sais-tu répondre ?

○ Montre l'ours triste, l'ours apeuré, l'ours timide et l'ours étonné.

○ La sorcière s'est cachée derrière les portraits pour observer le photographe avant de poser. Finalement, quelle « bouille » a-t-elle sur la photo ?

○ Maintenant, à toi de mimer (sans dire un mot) la bouderie, la timidité, la colère, la joie…

un spot

le photographe

l'objectif

l'appareil
photo

la toile
de fond

le pied

la séance
de pose

la peur

la colère

l'étonnement

la fatigue

la timidité

la rêverie

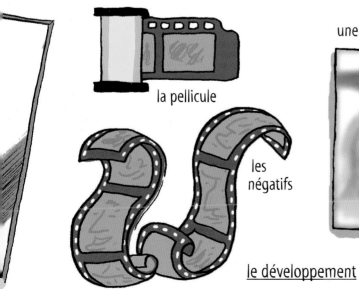

la pellicule

les négatifs

le développement

une photo floue

une photo nette

La montagne

Des lacets, un col…
À qui appartiennent-ils ?
À une paire de chaussures, à une chemise,
Mais aussi à la montagne, en hiver comme en été,
Avec ses routes en lacets et son col en haut du sommet.

… EN ÉTÉ

les neiges éternelles

le glacier

un faucon

un chamois

un torrent

des edelweiss

des marmottes

un nid d'aigle

la paroi rocheuse

le téléphérique

la forêt

une cascade

la corde

le piolet

un lac

des chaussures à crampons

le rocher

l'escalade

des vaches

des randonneurs

des gentianes

une clarine

les alpages

un sac à dos

une carte

un bâton de marche

des chaussures de marche

un chemin de randonnée

le village

Sais-tu répondre ?

○ En regardant cette image, dis par quels moyens les skieurs peuvent monter en haut des pistes.

○ Où les randonneurs peuvent-ils se rafraîchir ?

○ Combien y a-t-il de chalets au pied de la montagne ?

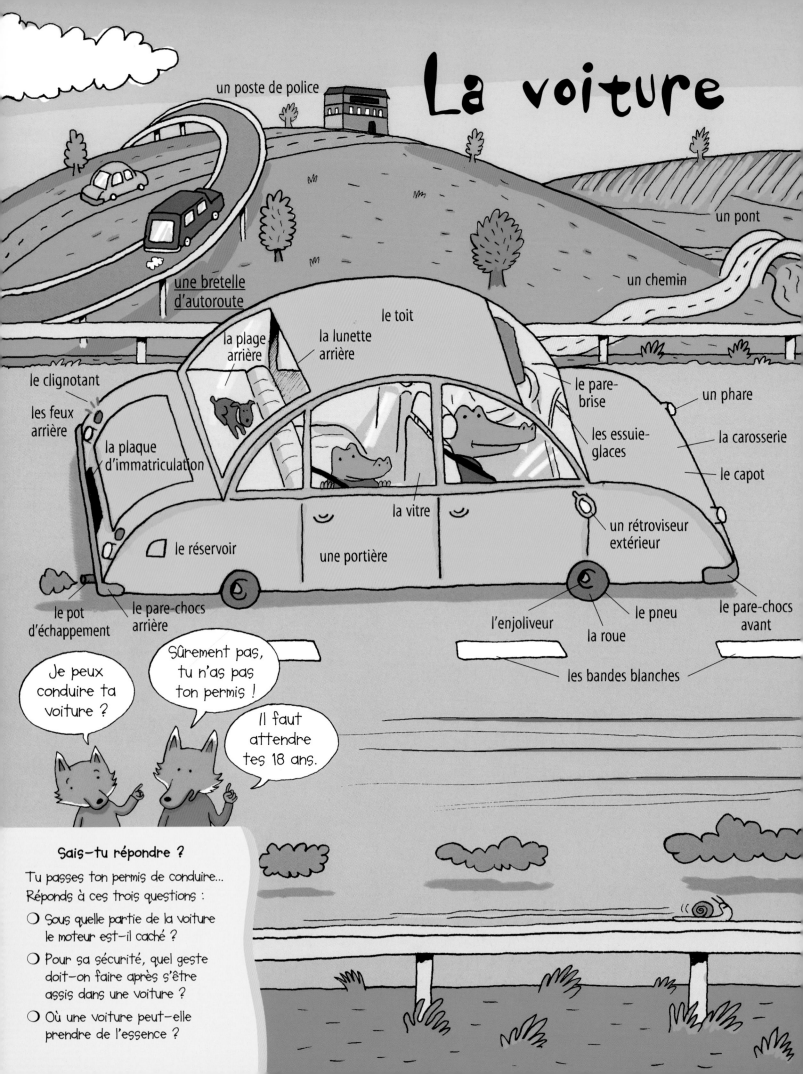

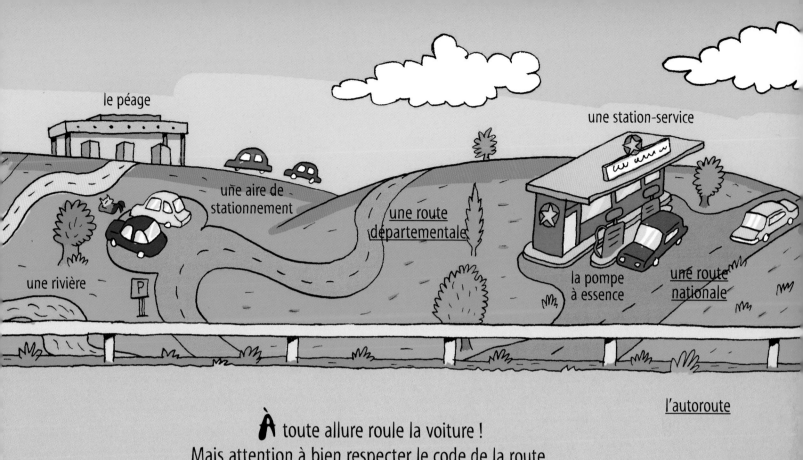

le péage

une station-service

une aire de stationnement

une route départementale

la pompe à essence

une route nationale

une rivière

l'autoroute

À toute allure roule la voiture !
Mais attention à bien respecter le code de la route,
Sinon, retour à pied !

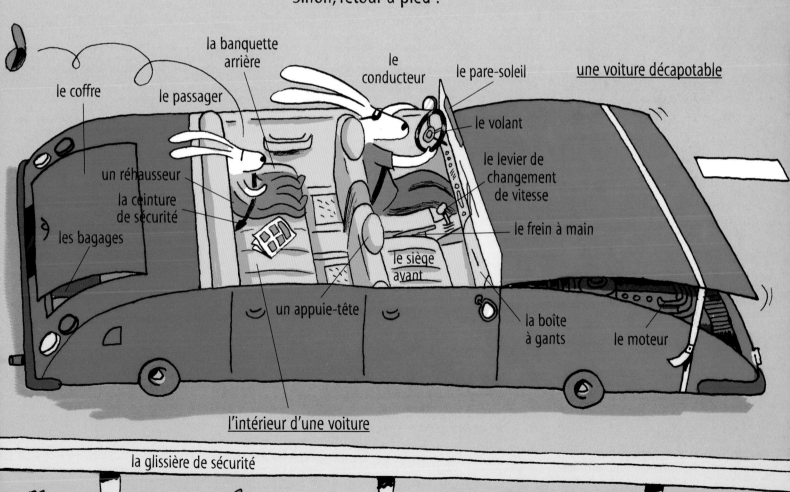

la banquette arrière

le conducteur

le pare-soleil

une voiture décapotable

le coffre

le passager

le volant

un réhausseur

le levier de changement de vitesse

la ceinture de sécurité

le frein à main

les bagages

le siège avant

un appuie-tête

la boîte à gants

le moteur

l'intérieur d'une voiture

la glissière de sécurité

Vie de chien

la chienne

le chiot

le chien

et

vie de chat

le chat

la chatte

les chatons

Pas bête la vie des bêtes !
Voici celle des chiens,
Et puis celle des chats,
Et voilà !

dormir d'un œil

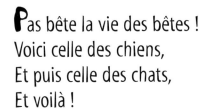

se faire les griffes

dormir dans son panier

rapporter un bâton

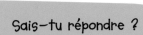

se gratter l'oreille

ronronner

remuer la queue

sauter pour attraper
une balle

laper du lait

s'étirer

jouer avec
une pelote
de laine

faire
le beau

aboyer

ronger son os

miauler

se frotter

montrer
les dents

bondir

renifler

creuser
un trou

lécher
ses petits

enterrer
son os

faire le gros dos

mordre

faire
sa toilette

le mât

le ponton

un yacht

un voilier

un marin-
pêcheur

des casiers

La mer

des filets

une embarcation

une barque

LE PORT

un pêcheur
à la ligne

un Zodiac

des bateaux
de plaisance

un marin

un bateau
de pêche

des marins-
pêcheurs

des sardines

une méduse

un
hippocampe

un bar

une sole

des crevettes

des moules

des algues

une étoile de mer

un crabe

Sais-tu répondre ?

○ Nomme le bateau qui entre
dans le port, puis celui qui
en sort.

○ Qu'a donc attrapé le pêcheur
au bout de sa ligne ?

○ J'ai cinq branches et je vis
dans l'eau, qui suis-je ?

○ Quel est, sur l'image, l'animal
qui veille sur le trésor.

le phare

une bitte d'amarrage

le quai

une vedette

un chalutier

Vous avez dit « poisson-clown » ?

Où vit-il donc ?
Dans un cirque ?
Pas du tout !

Parfois près d'un port,
Mais toujours au fond de l'eau
Dans la mer toute bleue.

une mouette

une balise

un cormoran

un banc de poissons

du corail

un congre

un poisson-clown

un thon

un homard

une pieuvre

l'anémone de mer

LES FONDS MARINS

un trésor

37

Jeux de plein air

une partie
de cache-cache

jouer
à chat

jouer à la chandelle

une ronde

un bandeau

jouer au gendarme
et au voleur

1 2 3 soleil !

saute-mouton

jouer à
colin-maillard

Ta seule envie aujourd'hui ?
Mettre à tout prix le bout
de ton nez dehors pour jouer !
Mais jouer à quoi… hum !
À QUOI ?

sauter
à l'élastique

le bâton
du diable

la corde
à sauter

le cochonnet

le maillet

un arceau

jouer aux boules

jouer
au croquet

Sais-tu répondre ?

○ Retrouve les jeux auxquels
tu peux jouer tout seul,
puis ceux pour lesquels il faut
forcément plus de deux
joueurs.

le tourniquet

un palet

CIEL

4 5 6

3

2

1

les cases

sauter à cloche-pied

la marelle

un pont de singe

glisser d'un toboggan

la balançoire à bascule

les rollers

les patins à roulettes

se balancer

un cerf-volant

la planche à roulettes

faire des pâtés

le boomerang

jouer au ballon

faire du tricycle

un bac à sable

faire de la bicyclette

les échasses

sauter avec un ballon sauteur

faire de la trottinette

une boule

jouer aux quilles

un calot

jouer aux billes

faire de la patinette

Les oiseaux

Les oiseaux ont tous des plumes,
mais un seul d'entre eux peut parler
et répéter ce que tu dis !
Tu l'as trouvé ?
Quel mot voudrais-tu qu'il te répète ?

la mouette

le rouge-gorge

le vautour

l'étourneau

la cigogne

un moineau

le roitelet

la bécasse

des pigeons

le pigeonnier

une mésange

une colombe

Au voleur !
On m'a volé
ma bague !

Tiens ! Je l'ai
trouvé ton voleur,
et je connais
son nom !

des jumelles

un jars

une oie

un cygne

une patte
palmée

une cane et ses canetons

une caille

un canard

Sais-tu répondre ?

○ Et toi, connais-tu le nom
du voleur ?

○ La poule, la caille et l'autruche
ont pondu des œufs. Combien
d'œufs chacune d'elles a pondus ?

○ Combien d'œufs y a-t-il en tout ?

le goéland

l'aigle

le toucan

une chouette

l'alouette

un merle

l'oiseau-mouche

la pie

l'hirondelle

des perruches

un perroquet

le perchoir

l'autruche

le paon

un canari

la cage

la crête

le jabot

un pivert

une spatule

un dindon

des graines

l'ergot

un coq

une poule et ses poussins

Du verger

Reine des reinettes
Pomme dorée
Pomme en habit de gala
Pomme d'api
Pomme granny…
Dans laquelle vas-tu croquer ?

un bourgeon

une petite pomme

la chenille

une feuille

un pommier

une fleur de pommier

un verger

un arbre fruitier

la récolte

shampoing à la pomme

lire la recette

Sais-tu répondre ?

○ Combien y a-t-il de pommes dans le cageot ?

○ En quoi la chenille s'est-elle transformée ?

○ Nomme tous les produits à la pomme que tu vois sur l'image.

éplucher les pommes

couper les pommes en lamelles

... à la table

un papillon

la queue
(le pédoncule)

la peau

une reine
des reinettes

une golden

la chair
(la pulpe)

les pépins

une gala

l'œil

une granny-smith

une demi-pomme

un cageot

yaourt
à la pomme

glace à la
pomme verte

compote
de pommes

jus de pomme

chausson
aux pommes

flan aux
pommes

crumble
aux pommes

chewing-gum
à la pomme

le moule

faire cuire au four

le four

la pâte
à tarte

garnir un moule

la tarte crue

la tarte aux pommes

la tarte cuite

une part
de tarte

gôuter, déguster, se régaler...

43

Les travaux ménagers

Eh bien, bravo !
Bol ébréché
Œuf cassé,
Fourchette tordue
Verre renversé
Lait répandu…
C'en est assez
De cette saleté !
Allez, au boulot !

un balai

balayer le sol

une balayette

une pelle

ramasser la poussière

jeter à la poubelle

essuyer la vaisselle

un torchon

une lavette

essuyer une table

Sais-tu répondre ?

○ Sur cette page, pour quelles tâches ménagères utilise-t-on un appareil électrique ?

○ Quels sont les ustensiles de ménage nécessaires pour nettoyer le sol ?

○ De quoi se sert-on pour dépoussiérer un objet ?

astiquer un meuble

un chiffon doux

une brosse

brosser un fauteuil

un plumeau

épousseter un bibelot

une shampouineuse

shampouiner un tapis

un grattoir

gratter une tache de peinture

un balai-brosse

frotter le sol

une éponge

laver la vaisselle

un seau

une serpillière

laver le sol

ranger la vaisselle

des miettes

un aspirateur

aspirer la poussière

une cireuse

cirer le parquet

une raclette

nettoyer une vitre

des moutons

secouer un paillasson

45

HÔTEL

LIBRAIRIE   un immeuble

CAFÉ-RE

un lampadaire

un carrefour

une vitrine   le trottoir   la terrasse

FLEURISTE

un cycliste

un automobiliste

Dans la rue

une boutique

une voiture

le passage piéton   un feu tricolore   un landau

un passant

un autobus

un motard

un plan du quartier   un promeneur

Place Morlis

un jardin public

Sais-tu répondre ?

◯ Montre la boucherie, la librairie, le fleuriste et l'hôtel.

◯ Un personnage s'est fait couper les cheveux. Retrouve-le (4 fois) avant et après son passage chez le coiffeur.

◯ Cherche sur cette image : une casquette, un cornet de glace, un bateau, un pull rayé et le chiffre six.

un kiosque

une enseigne

CHAUSSURES

des piétons

un sens interdit

une rue piétonne

des panneaux indicateurs

un magasin

SALON DE COIFFURE

u café

un camion

le caniveau

un chauffeur livreur

BOU

un banc public

CENTRE VILLE

la plaque d'égout

une fontaine

la bouche d'égout

Dans la rue,
Il y a ceux qui montrent le bout de leur nez,
Il y a ceux qui mettent le nez dehors,
Il y a ceux qui marchent le nez en l'air,
Il y a ceux qui collent leur nez à la vitrine…
Et ceux qui marchent sans lever le nez,
Ont-ils perdu quelque chose ?

une place

Les boîtes

un carton

une boîte à encastrement en plastique

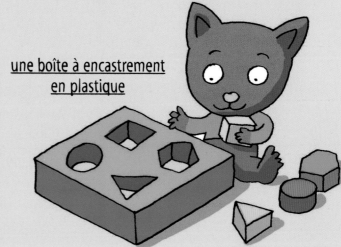

des boucles d'oreilles

un pendentif

un bracelet

un collier

une montre

une boîte à bijoux en verre

une bague

des créoles

une gourmette

une boîte à secrets en tissu

Chut !

MEUH !!!

Sais-tu répondre ?

○ Nomme les objets qui sont à l'extérieur de la boîte à outils, et ceux qui sont à l'intérieur de la boîte à couture.

○ Imagine ce que peut contenir la boîte à secrets de la petite souris...

du papier de soie

une boîte à chaussures en carton

une boîte à surprise

une boîte gigogne

une boîte à outils
en métal

le marteau

les pinces

les clous

le tournevis

la clé
à molette

les vis

les tenailles

le mètre

l'équerre

la scie

une boîte aux lettres
en tôle

Il n'y a pas que le diable qui sorte de sa boîte !
Il y a les sardines, les bijoux et les lettres,
Les bobines, les clous, les allumettes
Les petits pois, les boutons, le réglisse
Le chocolat, le coton, les malices
Il y a aussi de la musique, des secrets… et des boîtes !

une aiguillée

les bobines
de fil

des petits
pois

une boîte à musique
en porcelaine

les
aiguilles

une boîte
de conserve
en fer-blanc

les
boutons

le mètre
ruban

un camembert

la paire
de ciseaux

le dé

une boîte à couture
en velours

une boîte à fromage
en bois

49

Les petites joies

Les petites joies, tu sais, c'est toutes les petites choses que tu aimes faire et refaire, juste pour le plaisir.

tremper discrètement son doigt dans la crème au chocolat... juste pour goûter

se rouler dans l'herbe en riant aux éclats

rester au lit quand les autres sont à l'école

faire des grimaces devant un miroir

souffler pour faire des bulles de savon puis les attraper

souffler sur une fleur de pissenlit

Sais-tu répondre ?

○ Parmi toutes ces petites joies, dis celles que tu aimes le plus et celles que tu aimes le moins.

○ Peut-être en connais-tu d'autres ? Alors raconte...

patouiller avec de la terre et de l'eau

sauter à pieds joints dans une flaque d'eau

imaginer un animal ou un personnage
en regardant la forme d'un nuage

sentir l'odeur
des crêpes

hurler des gros mots
et se sauver en courant

faire un gros câlin

tout doux

sucer des glaçons

se cacher sous la couette
pour regarder un livre

dessiner sur une vitre
où il y a de la buée

se régaler de tartines
dégoulinantes de confiture

marcher sur les feuilles
pour les faire craquer

se précipiter sur son cadeau
et déchirer bruyamment le papier

un voilier

un cerf-volant

un catamaran

le drapeau

des vagues

le filet
de volley-ball

des baigneurs

le maître-
nageur

une bouée

des serviettes
de plage

des brassières
de sauvetage

une cabine
de plage

le marchand
de glaces

des
coquillages

des pâtés
de sable

une sandalette
en plastique

des coques

le sable

des
palourdes

un
crabe

un rocher

un pêcheur
à pied

un couteau

l'épuisette

une puce de sable

la mare

Jours de fête

Ils s'en vont et ils reviennent
Tous les ans au même moment !
Et ils savent aussi qu'on les attend…

les invités

des ballons de baudruche

les bougies

une paille

UN ANNIVERSAIRE

des friandises

du jus de fruit

une part de gâteau

un gâteau d'anniversaire

un gobelet

une assiette en carton

la nappe

Tu ne crois pas que tu es un peu en avance ? Pense d'abord à Halloween !

LA NUIT D'HALLOWEEN

des personnages déguisés

un géant

un potiron

un fantôme

des masques

une sorcière

des bonbons

un martien

une toile d'araignée

Sais-tu répondre ?

○ « Un cadeau ou un bonbon, sinon c'est un mauvais sort ! » Lors de quelle fête dit-on cette formule ?

○ Raconte ce que tu vois sur l'image de la nuit de Noël.

○ Combien d'invités le renard a-t-il autour de lui pour fêter son anniversaire ?

LA NUIT DE NOËL

une rue illuminée

une guirlande
électrique

une couronne
de houx

les rennes

le traîneau du Père Noël

une étoile

des guirlandes

des boules

des cadeaux

LE DÉFILÉ DU CARNAVAL

des feux
d'artifice

des serpentins

un chapeau
de gendarme

des boules
de cotillon

un lampion

une grosse
caisse

un loup

un char

un personnage
géant

des confettis

À tous les voyageurs : attention à la fermeture des portières, éloignez-vous de la bordure du quai, le train va partir !

un train de voyageurs

le panneau du quai

des pigeons

la voie ferrée

un rail

un train de banlieue à deux niveaux

une traverse

le mécanicien

le wagon-lits

la locomotive électrique

un train de grandes lignes

le butoir

le quai

les fils électriques

le pantographe

le wagon-restaurant

la motrice

un TGV (train à grande vitesse)

la cabine de conduite

un contrôleur

le chariot à bagages

une malle

un voyageur

Les habitations

une cabane en planches

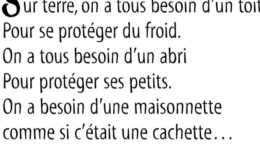
un terrier

une tente

une case
(une hutte)

Sur terre, on a tous besoin d'un toit
Pour se protéger du froid.
On a tous besoin d'un abri
Pour protéger ses petits.
On a besoin d'une maisonnette
comme si c'était une cachette…

un immeuble

As-tu vu le bernard-l'ermite ? Je voudrais lui parler…

Oui, je l'ai vu rentrer chez lui ! Mais pourra-t-il te répondre…

une maison à colombages

un château-fort

Sais-tu répondre ?

- Cherche et nomme les endroits que le bernard-l'ermite visite avant de trouver sa maison.
- Montre les abris provisoires, transportables ou qui peuvent se déplacer d'un endroit à un autre.
- Qui habite sous une carapace ?

une coquille

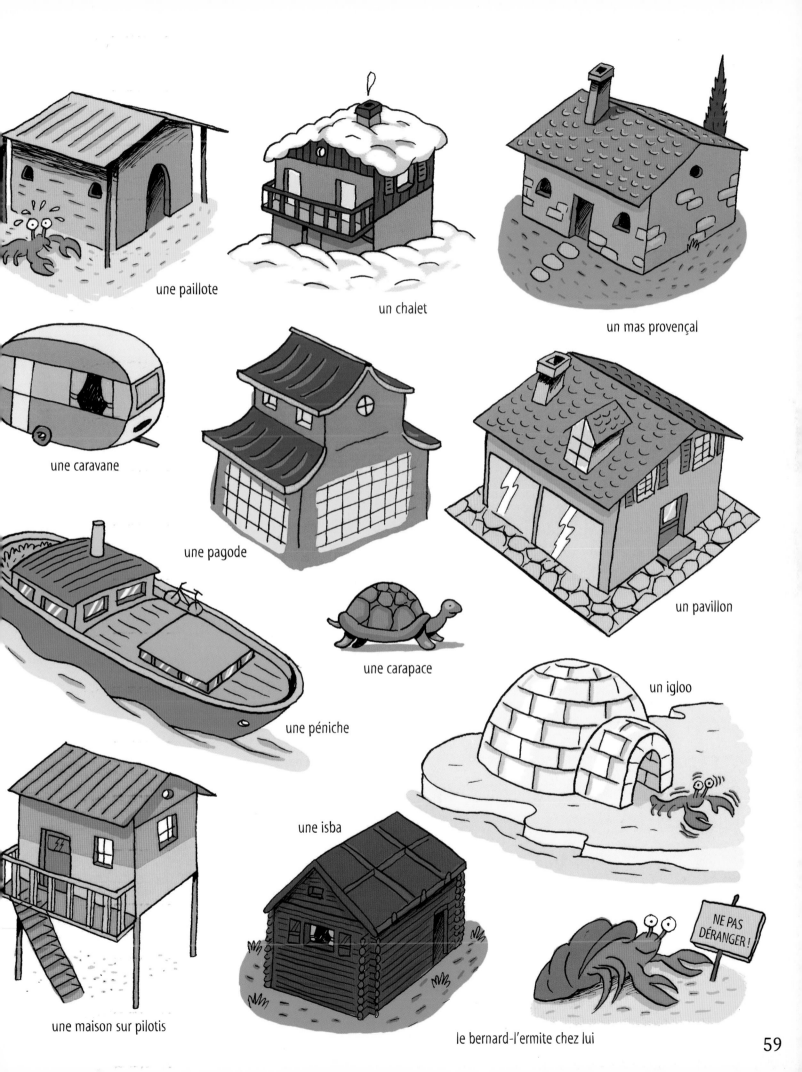

une paillote

un chalet

un mas provençal

une caravane

une pagode

un pavillon

une péniche

une carapace

un igloo

une maison sur pilotis

une isba

le bernard-l'ermite chez lui

NE PAS DÉRANGER !

59

Un animal sauvage chez toi ? Quel bazar !
Le kangourou sauterait partout, l'hippopotame dormirait dans la baignoire
et le chimpanzé mangerait toutes les bananes !
Pas de doute, chez soi, il vaut mieux avoir des peluches…

un troupeau d'éléphants

un chimpanzé

RRzzzz la mouche
tsé-tsé

une hyène

une panthère
noire

un girafon

un baobab

un rhinocéros

une girafe

un scorpion

un gorille

un lynx

des zèbres

un guépard

un okapi

un léopard

La lettre

Un dessin ou quelques mots,
Le tout dans une enveloppe,
Vite à la poste, et c'est parti !
Mais pour qui ?

du papier
à lettre

écrire une lettre

des enveloppes

plier la lettre

poster la lettre

la boîte
aux lettres

le postier

la levée du courrier

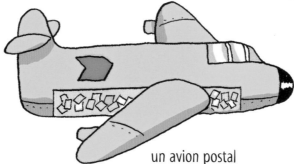

un avion postal

le tri

trier
le courrier

un train postal

expédier le courrier

Sais-tu répondre ?

○ Indique l'emplacement du timbre sur l'enveloppe : en bas, en haut, à gauche, à droite ?

○ Pourquoi Monsieur Lapin écrit-il à Monsieur Ours ?

○ Et toi, connais-tu ton adresse ?

○ Par quel moyen de transport voyage la lettre de Monsieur Lapin ?

écrire l'adresse

l'adresse

Monsieur Ours
4 rue du Miel
75011 Paris

coller un timbre

un timbre

le timbre oblitéré

un distributeur
de timbres et de vignettes

la postière

le guichet

des journaux

des magazines

des colis

à la poste

des sacs postaux

le facteur

distribuer le courrier

lire une lettre

Et moi ?

Petit Ourson,
Je t'invite à fêter
mon anniversaire avec
tous mes amis
le mercredi 12 mai
à partir de
15 heures.
Petit Lapin

ouvrir son courrier

Le supermarché

GLACES

SURGELÉS

pizza

un rayon

légumes

poissons

les bacs réfrigérés

PÂTES RIZ CONSERVES POTAGES

On y entre le panier vide et le porte-monnaie rempli…
On en sort le panier plein et le porte-monnaie vide !

PRODUITS SURGELÉS

une affiche publicitaire

PRODUITS D'ENTRETIEN

une poussette

4

3 -10

une caissière

des euros

une file d'attente

une carte de crédit

un porte-monnaie

un billet

des sacs en plastique

Sais-tu répondre ?

○ À quelle caisse y a-t-il le moins de clients ?

○ Tu fais les courses. Montre dans quels rayons tu trouveras les produits inscrits sur ta liste.

- un kilo de tomates
- des petits pois en conserve
- un saucisson
- des glaces
- un bidon de lessive

une gondole

une allée

le vendeur

un magasinier

PRODUITS LAITIERS | VINS BOISSONS

la tête de gondole

CHARCUTERIE

POISS...RIE

la balance

les étiquettes de prix

un sac à provisions

une publicité

un article en promotion

FRUITS ET LÉGUMES

caddie

2

1

des articles

les clients

le tapis roulant

un caissier

la caisse enregistreuse

un chèque

des portes automatiques

l'entrée du magasin

des paniers

65

pipe rigate

coquillettes

courbé

étiré

spaghetti

Les pâtes

Aussi bonnes à manger que belles à regarder !
Découvre les formes amusantes des pâtes…

tortellini

recroquevillé

cannelloni

enroulé

Sais-tu répondre ?

○ C'est l'heure de ta gymnastique…
   Tu peux imiter avec ton corps
   la forme de certaines pâtes.

○ Une des pâtes ressemble à
   une hélice. Laquelle ?

farfalle

croisé

fusilli

torsadé

lasagnes

superposé

un nid

tagliatelles

emmêlé

rotelle

tourné

ravioli

posé

petites lettres

attablé

ondulé

reginette

des semis

une serre

un arbre fruitier

des poireaux

un épouvantail

des carottes

des potirons

des pieds de tomates

Prenez une belle pomme de terre,
Rouge ou jaune, ronde ou ovale,
Trempez-la dans l'eau,
Trempez-la dans l'huile,
Ça fera de belles frites toutes chaudes !

un tuteur

une ligne de plantation

des betteraves

une pierre

un caillou

les petits pois

une cosse ouverte

des salades

une taupinière

une brouette

Fruits et légumes

une poire

une mangue

une pêche

une nectarine

une banane

Et ma pomme ?

un melon

un pamplemousse

une clémentine

une figue

des olives

une orange

N'attends pas la nuit pour croquer des fruits,
Ni le clair de lune pour manger des légumes,
Mais à chaque envie,
Dévore-les crus ou cuits !

un chou-fleur

des choux
de Bruxelles

des haricots
verts

la
gousse

des
petits pois

une aubergine

un poireau

un piment
rouge

un poivron
vert

un poivron
rouge

Sais-tu répondre ?

○ Retrouve le nom des fruits qui
composent cette belle tarte.

○ La chenille te pose une
question. Aide-la à retrouver
sa « maison » dans les pages
de l'imagier.

un citron

des cerises

une pastèque

une tomate

un kiwi

des noisettes

une noix de coco

une grappe de raisins

un ananas

des framboises

des fraises

des prunes

un abricot

des groseilles

un potiron

une betterave

des feuilles d'épinard

un épi de maïs

des pop-corn

des pommes de terre

une courgette

les fanes

une laitue

un artichaut

une carotte

des asperges

des radis

un navet

71

du maïs

La ferme

un pré

la clôture

la trayeuse électrique

des vaches laitières

le fermier

le grenier

du foin

les bâtiments de ferme

un âne

la grange

une chèvre

un chevreau

l'étable

un veau

un bélier

un agneau

une brebis

les moutons

l'enclos de la bergerie

la dinde

la pintade

le poulailler

des œufs

l'oie

le dindon

le jars

les poussins

Sais-tu répondre ?

○ Montre et nomme l'abri des vaches, des chevaux, celui des poules et des lapins.

○ À ton avis, où l'ouvrier agricole conduit-il le tracteur ? Pourquoi ?

○ Que viennent faire les deux personnages qui arrivent à la ferme ?

○ Dans cette cour de ferme, il y a un animal intrus. Qui est-il ?

la basse-cour

la fermière

le canard

la cane

la mare

les canetons

un champ de blé

la moissonneuse-batteuse

l'écurie

la jument

le cheval

le poulain

un chemin de terre

la maison de ferme

une écuelle

la niche

des bottes de paille

le cochon

le chat

les porcelets

le chien de garde

la souris

la truie

le coq

les porcs

le tracteur

la remorque

les poules

C'est la poule qui glousse,
C'est le dindon qui glougloute,
C'est le canard qui cancane,
C'est le crapaud qui coasse,
C'est le corbeau qui croasse,
C'est la poule qui caquette,
Mais quand ?
Quand elle a pondu un œuf !

les lapins

le clapier

du grain

un bidon à lait

73

Des métiers

un maçon

la truelle

une enseignante

$$1 + 1 = 2$$

un pompier

la lance à incendie

un chirurgien

la scie

un menuisier

le marteau

la pompe à essence

un pompiste

le bistouri

la paire de ciseaux

la souris

un informaticien

une coiffeuse

Sais-tu répondre ?

○ Décris la tenue du pompier et celle du policier.

○ Parmi ces métiers, retrouve ceux qui s'exercent surtout à l'extérieur.

○ Pourquoi l'apiculteur doit-il se protéger ?

un pêcheur

le filet
de pêche

le micro

une chanteuse

la
caméra

un cameraman

un policier

le pistolet

la caisse
enregistreuse

des pièces
de monnaie

un commerçant

la
pelle
à pain

un
boulanger

le consommateur

le thermomètre

le
burin

un
sculpteur

un apiculteur

une infirmière

des abeilles

du miel

Si tu étais un héros, qui serais-tu ?
Si tu étais un animal, lequel serais-tu ?
Si tu étais une couleur, laquelle choisirais-tu ?
Si tu étais un métier, lequel préférerais-tu ?

un petit gourmand

Les grosses peurs

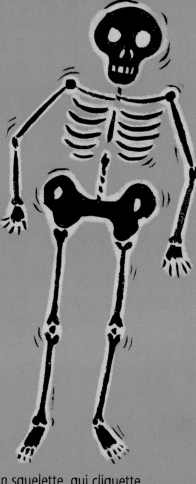

Bou, bou… dans la nuit glacée, un hibou hulule.
Hou hou… au loin, un loup hurle à la lune.
Chouâ chouâ… la neige craque sous ses pas.
Perdue dans cette immense forêt toute noire,
Blondine frissonne de terreur…

Un vampire qui mord…

Un fantôme qui gémit…

Un squelette qui cliquette…

Un ogre qui dévore…

Sais-tu répondre ?

○ Imagine une suite à chaque phrase pour remplacer les points de suspension… Par exemple : Une araignée velue qui descend sur ton épaule.

○ Que signifie l'expression « avoir la chair de poule » ?

Une araignée velue qui descend…

Un loup
qui hurle…

Une sorcière qui ricane…

Un brigand
qui rode…

Un pirate
qui attaque…

Un monstre
qui se transforme…

Un dragon
qui crache…

Les contraires

rire

Qu'aimes-tu faire ?
T'amuser ou travailler,
Avoir chaud ou avoir froid
Dormir ou rester éveillé ?
Tu as sûrement une préférence…

pleurer

monter

se réchauffer

se rafraîchir

descendre

commencer

finir

écouter

parler

attraper

lancer

crier

chuchoter

se mouiller

se sécher

attacher

détacher

avancer

se laver

se salir

reculer

se lever

se coucher

enrouler

dérouler

79

En avant la musique !

Une journée à l'hôpital

des égratignures

le blessé

une chute

l'accident

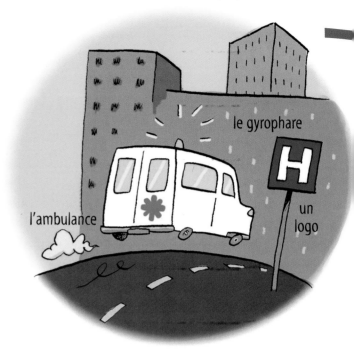

le gyrophare

l'ambulance

un logo

vers l'hôpital

Je fais le 15 pour appeler le SAMU...

... et moi le 18 pour appeler les pompiers.

Sais-tu répondre ?

○ Qu'est-ce qui signale que l'on est proche d'un hôpital ?

○ Que peut-on observer sur la radiographie ?

○ Le petit blessé a une jambe plâtrée. S'agit-il de la jambe droite ou de la jambe gauche ?

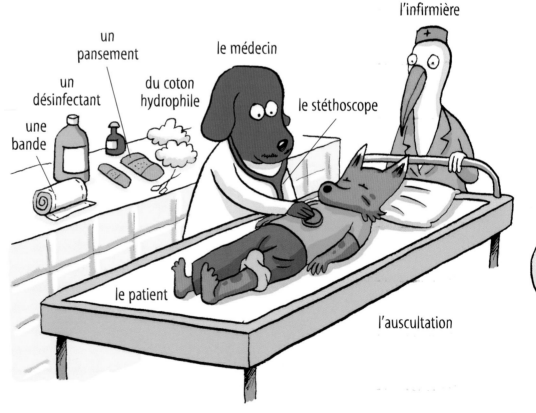

un pansement

un désinfectant

du coton hydrophile

une bande

le médecin

le stéthoscope

l'infirmière

le patient

l'auscultation

dans le cabinet médical

des accidentés

la salle d'attente des urgences

un aide-soignant

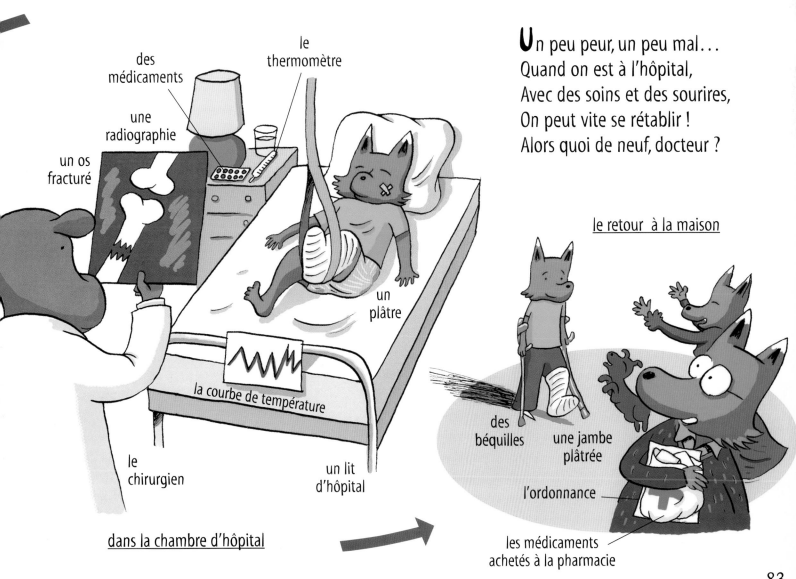

des médicaments

le thermomètre

une radiographie

un os fracturé

le chirurgien

la courbe de température

un lit d'hôpital

un plâtre

dans la chambre d'hôpital

Un peu peur, un peu mal…
Quand on est à l'hôpital,
Avec des soins et des sourires,
On peut vite se rétablir !
Alors quoi de neuf, docteur ?

le retour à la maison

des béquilles

une jambe plâtrée

l'ordonnance

les médicaments achetés à la pharmacie

Les sorties

Les sorties, c'est comme des pochettes-surprises !
Il en sort de la magie, des cris de joie,
du rêve, des frissons, des fous rires
et aussi des petites voix qui crient « Encore ! ».

la salle de projection

l'écran

un film

LE CINÉMA

les fauteuils

les spectateurs

l'ouvreuse

Bonbons, Esquimau, pop-corn...

LES MARIONNETTES

un projecteur

le décor

le castelet

le rideau de scène

le gendarme

Guignol

des applaudissements

Sais-tu répondre ?

○ Au cinéma : Raconte la scène du film.

○ Au spectacle de marionnettes : Imagine la dispute entre Guignol et le gendarme.

○ Au cirque : Quelles différences vois-tu entre l'auguste et le clown blanc ?

○ À la fête foraine : Qu'appelle-t-on « les montagnes russes » ?

○ Que fait le public à la fin d'un spectacle ?

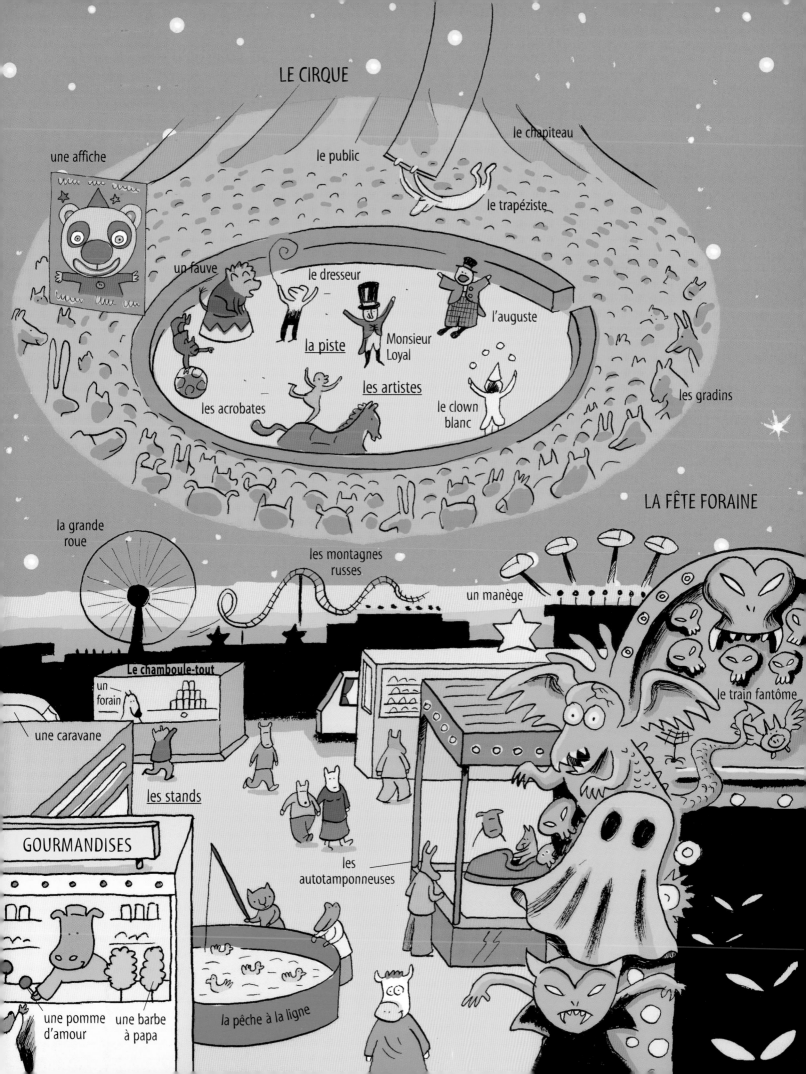

LE CIRQUE

une affiche

le public

le chapiteau

le trapéziste

un fauve

le dresseur

l'auguste

la piste

Monsieur Loyal

les gradins

les acrobates

les artistes

le clown blanc

LA FÊTE FORAINE

la grande roue

les montagnes russes

un manège

Le chamboule-tout

un forain

le train fantôme

une caravane

les stands

GOURMANDISES

les autotamponneuses

une pomme d'amour

une barbe à papa

la pêche à la ligne

une sculpture

un bloc d'argile

le chevalet

De l'atelier

un socle

des toiles

une pointe

le fil à couper

de la térébenthine

le peintre

le modèle

le pinceau

bleu

rouge noir

violet

bleu

blanc

les tubes de peinture

rose

vert

jaune

du papier à dessin

du fusain

un crayon

une brosse

un tablier

rouge

la palette

orange

Tu aimes le rouge ?

Non, ça m'énerve !

ENTRÉE DU MUSÉE

CAISSE

la caissière

Sais-tu répondre ?

○ Nomme les couleurs de la palette posée sur la table.

○ Qu'obtiens-tu si tu mélanges ces couleurs primaires : rouge et bleu, jaune et bleu, jaune et rouge ?

○ L'artiste achève une toile. Décris son modèle. De quel type de peinture s'agit-il ? (Regarde les tableaux du musée.)

○ Sur cette image, quel est ton tableau préféré ? Pourquoi ?

... au musée

Avec un artiste, ce n'est pas facile !
Il fait prendre la pose à son modèle pendant des heures…
Dans ce cas, mieux vaut être une pomme qu'une personne !

couleurs chaudes

rouge   orange   jaune

couleurs froides

bleu   vert   violet

les couleurs

noir   blanc

multicolore

une exposition de tableaux

un paysage

une nature morte

un portrait

une peinture abstraite

une sculpture contemporaine

des visiteurs

Les fleurs

Tu veux lui dire que tu l'aimes ?
Offre-lui une rose rouge.
Tu veux lui souhaiter du bonheur ?
Offre-lui du muguet.

une tulipe

un coucou

du lilas

un perce-neige

une rose

des pervenches

un pissenlit

un glaïeul

un tournesol

un narcisse

un iris

un géranium

Sais-tu répondre ?

○ Retrouve le nom des fleurs qui composent ce bouquet.

des boutons-d'or

un hortensia

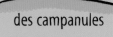

des campanules

un dahlia

des bleuets

des œillets

un rhododendron

une jonquille

une pensée

une digitale

une ortie blanche

une anémone

des violettes

du muguet

des pâquerettes

un coquelicot

un edelweiss

la moutarde

Les médias

le téléphone

l'antenne

un téléphone portable

un téléphone sans fil

l'oreillette

le microphone

un « kit piéton »

un kiosque à journaux

les hebdomadaires

les programmes TV

les mensuels

les quotidiens

les magazines

l'écouteur

le combiné

le microphone

un téléphone fixe

les touches

l'unité centrale

l'ordinateur

le tapis de souris

l'imprimante

une feuille de papier

la souris

Sais-tu répondre ?

○ Par Internet, avec qui communique le personnage qui habite à Paris ?

○ Peux-tu dire où habite son interlocuteur ?

○ Comment passe-t-on d'une chaîne de télévision à une autre ?

l'informatique

la webcam

l'ordinateur

l'écran

le scanneur

des cédéroms

le clavier

un internaute

Entendu sur les ondes :
« Lors du dernier salon, l'invention la plus remarquée
a été celle du robot qui efface les bêtises ! »…

la hi-fi

un radio
cassette CD

l'audiovisuel

le combiné
télévision-
magnétoscope

le lecteur de
minidisque

une
cassette
vidéo

la minichaîne

un disque
compact (CD)

le lecteur
de DVD

la télécommande

un écouteur

un casque

91

la lune

une comète

des cratères

la navette spatiale

un scaphandre spatial

un cosmonaute

une Jeep lunaire

un télescope

la coupole

un astronome

une fusée

un observatoire

93

Abécédaire

A, B, C ... Daire
Les lettres ont pris l'air
Pour former des mots
Dans l'abécédaire !

A 𝒜 a a **avion**
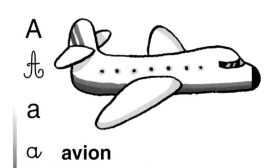

B ℬ b b **baobab**
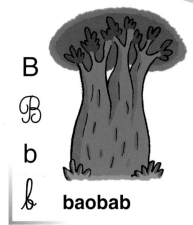

C 𝒞 c c **castor**

D 𝒟 d d **dinosaure**

E ℰ e e **euro**

F ℱ f f **feuille**

G 𝒢 g g **gâteau**
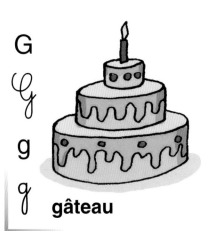

H ℋ h h **horloge**
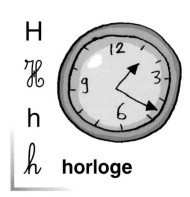

I 𝒥 i i **iris**
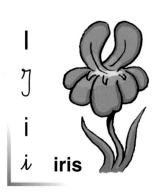

J 𝒥 j j **jumelles**
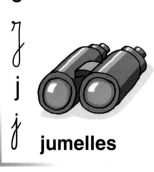

K 𝒦 k k **kiwi**

L ℒ l l **lune**

Sais-tu répondre ?

◯ Tous ces mots imagés sont dans ton imagier sauf UN.
Amuse-toi à le retrouver.

M
ℳ
m
𝓂 **monstre**

N
𝒩
n
𝓃 **nageur**

O
𝒪
o
𝓸 **orange**

P
𝒫
p
𝓅 **pagode**

Q
𝒬
q
𝓆 **quille**

R
ℛ
r
𝓇 **raquette**

S
𝒮
s
𝓈 **soleil**

T
𝒯
t
𝓉 **téléphone**

U
𝒰
u
𝓊 **ULM**

V
𝒱
v
𝓋 **vélo**

W
𝒲
w
𝓌 **wagon**

X
𝒳
x
𝓍 **xylophone**

Y
𝒴
y
𝓎 **yeux**

Z
𝒵
z
𝓏 **zèbre**

Table des matières

La nature

Le temps	7
La forêt	15
La montagne	31
La mer	37
La plage	53
L'espace	93

Les animaux

Les fonds marins	37
Vie de chien et vie de chat	35
Les oiseaux	41
Les animaux sauvages	61
La ferme	73

Les végétaux

Du verger à la table	43
Au jardin potager	69
Fruits et légumes	71
Les fleurs	89

Des chiffres, des lettres et des mots

Sais-tu compter ?	13
Du plus petit au plus grand	27
Les contraires	79
Abécédaire	95

La vie quotidienne

Les sports	23
L'école maternelle	25
La photographie	29
La voiture	33
Dans la rue	47
La lettre	63
Le supermarché	65

Les petits plaisirs

Les friandises	19
Jeux de plein air	39
Les petites joies	51
Jours de fête	55
Les pâtes	67
Les sorties	85

À la maison

La maison	5
Le grand nettoyage	11
Les habits	17
La famille	21
Du verger à la table	43
Les travaux ménagers	45
Les boîtes	49

Les émotions

Drôles de bouilles	29
Les grosses peurs	77
Les sorties	85

Les arts

En avant la musique !	81
De l'atelier au musée	87

D'autres mondes

Les transports	9
La gare	57
Les habitations	59
La ferme	73
Des métiers	75
Une journée à l'hôpital	83
Les médias	91
L'univers	93

www.apprendre-a-lire.com / www.editions-bordas.com

Responsable éditoriale : E. Braine-Bonnaire. Édition : B. Osmont ● Graphisme et réalisation : J. Sayaphoum.
Imprimé en Italie par Rotolito Lombarda. N° projet : 10127847/01 Dépôt légal : October 2005.